AF227330

CANTIQUE

ET

LITANIES

DE

SAINTE SOLANGE,

VIERGE ET MARTYRE,

PATRONNE DU BERRI,

Revus, corrigés et approuvés par Monseigneur l'Archevêque.

A BOURGES,

IMPRIMERIE DE J.-B. BRULASS.

———

M D CCC X.

SAINTE SOLANGE,

PRIEZ POUR NOUS.

CANTIQUE

EN L'HONNEUR
DE SAINTE SOLANGE.

—

Sur l'Air : *O Filii et Filiæ.*

Sur l'Air : *Afin d'être docile et sage.*

FESTA venerunt annua
Quibus Virgo perinclyta
Honoratur Solangia,
Alleluia, alleluia,
Alleluia, alleluia.

EN ce jour, ô Sainte Solange,
Que l'on célèbre vos grandeurs,
Puisse ce tribut de louange
Attirer sur nous vos faveurs.

O Biturici, plaudite,
Vitam ejus addiscite,
Mores ejus exprimite,
Alleluia.

Pour vous acccourez à son temple,
Peuples fortunés du Berri,
Si vous imitez son exemple,
Vous serez son peuple chéri.

Nata in Villemontio,
Infrendente diabolo,
Nomen habens ab Angelo,
Alleluia.

Villemont, trop heureux village,
Malgré les efforts du Démon,
Tu produis cette Vierge sage,
Qui d'un Ange eut bientôt le nom.

Septenis versans ani- mo, Qui sit devota Do- mino, Nuncupavit vota Deo, Alleluia.	Dès sa jeunesse la plus tendre, Voulant surtout plaire au Seigneur, Elle s'empressa de lui rendre Le vif hommage de son cœur.
Ipsâ flante, flabant aves, Nec lœdebant terræ fruges, Ipsos fugabat turbines, Alleluia.	Oiseaux, vents, tem- pêtes, orages; Fuyez; non, de votre cour- roux Nous ne craignons pas les dommages, Solange nous protége tous.
Illi novum præit si- dus, Quò tutiseat passi- bus, Ipsa fulget virtutibus, Alleluia.	Quel nouveau rayon de lumière La précéde et conduit ses pas? Vertus, vous-même en sa carrière L'éclairâtes jusqu'au tré- pas.
Præcum lœdit for- mæ decor, Blanditur profanus a- mor Quem fugat virtutis honor, Alleluia.	C'est en vain qu'un amour peu sage Veut de ses feux brûler son cœur, Solange oppose avec cou- rage Le bouclier de son honneur.
Spretus amor fremit irâ, Neque cedit Solangia, Fit castitatis victima, Alleluia.	Cet amour frémit de co- lère De se voir ainsi rejeté; Il s'arme de son cimeterre, Et le coup est déjà porté.

Ubi sacræ reliquiæ
Martini à Templo con-
    ditæ,
Multi opem deposcere,
Alleluia.

Solange, vos précieux
    restes
Au temple du grand Saint
    Martin
Reçoivent des honneurs cé-
    lestes :
Est-il un plus heureux des-
    tin ?

Claudi currunt vi-
    dent cæci,
Morbi pelluntur noxii,
Gaudentes plaudant
    Angeli,
Alleluia.

L'Aveugle reçoit la lu-
    mière,
Le Boiteux marche sans
    soutien ;
Tous d'une guérison en-
    tière
Reçoivent le précieux bien.

Mox è sepulchro fit
    ara,
Corpus salvatur cap-
    sulâ,
Patrona fit primaria,
Alleluia.

Son sépulchre en autel
    se change,
Où l'on dispense des fa-
    veurs,
De son temple à Sainte
    Solange
Saint Martin céde les hon-
    neurs.

Ob sacras, Virgo
    laureas
Ob servatas reliquias,
Deo dicamus gratias,
Alleluia.

Solange, nous vous ren-
    dons grâces
De vouloir écouter nos
    vœux.
Puissions-nous marcher sur
    vos traces,
Et vous voir un jour dans
    les Cieux.

DANS LE CHAMP.

In agri tui semitâ,
Dùm pangimus voce
    piâ,
Nobis adsit Solangia,
Alleluia.

Répandez sur nous vos
    lumières,
Dans un champ toujours
    précieux,
Solange, écoutez nos priè-
    res,
Solange, rendez-nous heu-
    reux.

℣. Veniebat cum ovibus patris sui.
℟. Nam gregem ipsa pascebat.

OREMUS.

EFFUNDE quæsumus Domine, beatâ Solangiâ intercedente, benedictionem tuam super nos et super omnes fructus terræ, ut hi collecti ad laudem et gloriam nominis tui misericorditer dispensentur. Per Christum Dominum nostrum.

LITANIES
DE SAINTE SOLANGE,
VIERGE ET MARTYRE,
PATRONNE DU BERRI.

—

Kyrie, eleïson. — Seigneur, ayez pitié de nous.

Christe, eleïson. — J. C., ayez pitié de nous.

Kyrie, eleïson. — Seigneur, ay. pitié de nous.

Christe, audi nos. — Jésus-Christ, écoutez-nous.

Christe, exaudi nos. — Jésus-Christ, exaucez-nous.

Pater de Cœlis Deus, miserere nobis. — Père céleste, qui êtes Dieu, ayez pitié de nous.

Fili Redemptor mundi Deus, miserere nob. — Fils rédempteur du monde, qui êtes Dieu, ayez pitié.

Spiritus Sancte, Deus, miserere nobis. — Esprit saint, qui êtes Dieu, ayez pitié de nous.

Sancta Trinitas, unus Deus, miserere nob. — Ste. Trinité, qui êtes un seul Dieu en 3 personnes, ay.

Sancta Maria, ora pro nobis. — Sainte Marie, priez pour nous.

Sancta Dei Genitrix, ora pro nobis. — Sainte Marie, Mère de Dieu, priez pour nous.

Sancta Virgo Virginum, ora pro nobis. — Sainte Marie, Vierge des Vierges, priez pour nous.

Sancta Solangia, ora pro nobis. — Sainte Solange, priez pour nous.

Sancta Solangia, à te- — Sainte Solange, tendrement

neris Deo dilecta, ora pro nobis.	aimée du Seigneur, priez pour nous.
Sancta Solangia, sacræ Dei paræ charissima, ora pro nobis.	Sainte Solange, chérie de la Mère de Dieu, priez pour nous.
Sancta Solangia, puritatis et castitatis amans, ora pro nob.	Sainte Solange, zélée pour la pureté et pour la chasteté, priez pour nous.
Sancta Solangia, mente et córpore Virgo, ora pro nobis.	Sainte Solange, Vierge de corps et d'esprit, priez pour nous.
Sancta Solangia, in labore assidua, ora pro nobis.	Ste. Solange, toujours appliquée au travail, priez pour nous.
Sancta Solangia, passioni Christi devotissima, ora pro nobis.	Sainte Solange, très-devote à la Passion de Jésus-Christ, priez pour nous.
S.ta Solangia, pulchritudinis animæ quàm corporis amantior, ora pro nobis.	Ste. Solange, plus jalouse de la beauté de votre âme que de celle de votre corps, priez pour nous.
Sancta Solangia, blandientis fortitunæ contemptrix generosa, ora pro nobis.	Sainte Solange, qui avez généreusement méprisé les attraits de la fortune, priez pour nous.
Sancta Solangia, castitatis et nobilis victima, ora pro nobis.	Sainte Solange, victime glorieuse de la chasteté, priez pour nous.
Sancta Solangia, martyrii palmâ decorata, ora pro nobis.	Sainte Solange, couronnée de la palme du martyre, priez pour nous.
Sancta Solangia, via peregrinorum, ora.	Sainte Solange, qui conduisez les pélerins, priez.
Sancta Solangia, sanitas languentium, or.	Ste. Solange, qui rendez la santé aux malades, priez.
Sancta Solangia, lumen cœcorum, ora.	Sainte Solange, qui éclairez les aveugles, priez.

Sancta Solangia, auris surdorum, ora.	Sainte Solange, qui donnez l'ouie aux sourds, priez.
Sancta Solangia, lingua mutorum, ora.	Ste. Solange, qui déliez la langue des muets, priez.
Sancta Solangia, copia segetum, ora pro nobis.	Sainte Solange, qui procurez l'abondance dans nos moissons, priez.
Sancta Solangia, siccitatis ardentis remedium, ora.	Sainte Solange, qui nous délivrez du fléau de la sécheresse, priez.
Sancta Solangia, sedatrix tempestatum, ora pro nobis.	Sainte Solange, qui appaisez les Tempêtes, priez pour nous.
Sancta Solangia, salus in periculis, ora pro nobis.	Ste. Solange, qui secourez ceux qui s'adressent à vous dans le danger, pr.
Sancta Solangia, auxiliatrix ad te clemantium peccatorum, ora pro nobis.	Sainte Solange, qui intercédez pour les plus grands pécheurs qui vous invoquent, priez pour nous.
Sancta Solangia, lætitia Angelorum, ora.	Sainte Solange, la joie des saints Anges, priez.
Sancta Solangia, consors Martyrum, ora.	Sainte Solange, compagne des Martyrs, priez.
Sancta Solangia, æmula Virginum, ora.	Ste. Solange, fidèle imitatrice des Vierges, priez.
Sancta Solangia, præsidium nostrum, ora.	Sainte Solange, qui êtes notre appui, priez.
Sancta Solangia, protectrix et alumna nostra, ora pro nob.	Ste. Solange, qui nous avez donné des marques de votre protection dans les calamités publiques, pr.
Sancta Solangia, honorificentia populi nostri, ora pro nobis.	Sainte Solange, l'honneur de notre Province, priez pour nous.
Sancta Solangia, gloria Biturigum, ora.	Sainte Solange, la gloire du peuple de Bourges, priez.

Sancta Solangia, patrona omnium Bituricensium, ora.	Sainte Solange, Patronne du Berri, priez pour nous.
Sancta Solangia, tutela Confratrorum et consororum, ora.	Sainte Solange, Protectrice des Confrères qui vous sont dévoués, priez.
Agnus Dei, qui tollis peccata mundi, miserere nobis. *Trois fois.*	Agneau de Dieu, qui effacez les péchés du monde, ayez pitié de nous. *Trois fois.*
℣. Benedictus Deus meus.	℣. Béni soit à jamais le Seigneur.
℟. Qui præcinxit virtute.	℟. Qui m'a revêtue de tant de force, et m'a fait de si riches dons.

OREMUS.

Effunde quæsumus, Domine, Beatâ Solangiâ intercedente, benedictionem tuam super nos et super omnem fructus terræ, ut hi collecti ad laudem et gloriam nominis tui misericorditer dispensentur. Per Dominum nostrum, etc.	Répandez, Seigneur, par l'intercession de Ste. Solange, vos Bénédictions sur nous et sur les biens de la terre, afin qu'étant ramassés et recueillis pour la gloire de votre S. Nom, ils soient miséricordieusement répandus sur tous les fidèles. P. N. S. J. C.
Amen.	Ainsi soit-il.

Vu et approuvé les présens Cantique et Litanies en l'honneur de Sainte Solange, corrigés par notre ordre, et la vie de cette Sainte rédigée par notre ordre, contenue en un cahier séparé : Nous en permettons l'impression au sieur Brulass, notre seul

Imprimeur, aux mêmes termes exprimés dans notre privilége exclusif à lui par nous accordé le 1.er mai 1805, en vertu du décret en date du 7 germinal an 13, lequel dit privilége est imprimé à la tête des livres liturgique à l'usage de notre Diocèse.

A Bourges, le 1.er juin 1805.

† M. C. IS., ARCHEVÊQUE DE BOURGES.

Par Monseigneur l'Archevêque :

VILLOING, *Chanoine, Secrétaire-général.*

———

N. B. M.ᵉʳ DE MERCY, Archevêque de Bourges, a établi, le 30 avril 1805, dans l'église paroissiale de Ste. Solange, une Confrairie sous l'invocation de cette grande Sainte. Cette pieuse association a été enrichie par l'Autorité pontificale de quatre Indulgences plénières, savoir : 1.º le jour de l'inscription dans ladite Confrairie ; 2.º le jour de la Fête de Ste. Solange ; 3.º le jour de l'Assomption (pour jouir de ces trois Indulgences, il faut se confesser et communier dans l'intention de les gagner); 4.º à l'article de la mort ; mais dans ce cas, si on ne peut recevoir ces sacremens, il suffit d'invoquer de cœur, si l'on ne le peut de bouche, le SAINT NOM DE JÉSUS.

FIN.

www.ingramcontent.com/pod-product-compliance
Lightning Source LLC
Chambersburg PA
CBHW061155050726
47594CB00008B/3427